VIE

DU BIENHEUREUX

RAYMOND DE CAPOUE

SURNOMMÉ DES VIGNES

XXIII° GÉNÉRAL DE L'ORDRE DE SAINT-DOMINIQUE

ET

CONFESSEUR DE SAINTE CATHERINE DE SIENNE

PARIS

LIBRAIRIE CH. POUSSIELGUE

Rue Cassette, 15

1895

VIE

DU

BIENHEUREUX RAYMOND DE CAPOUE

VIE

DU BIENHEUREUX

RAYMOND DE CAPOUE

SURNOMMÉ DES VIGNES

XXIIIme GÉNÉRAL DE L'ORDRE DE SAINT-DOMINIQUE

ET

CONFESSEUR DE SAINTE CATHERINE DE SIENNE

PARIS

LIBRAIRIE CH. POUSSIELGUE

Rue Cassette, 15

—

1895

APPROBATION

La Vie du Bienheureux Raymond de Capoue,
par le Père J. Lafont, ayant été insérée dans
l'ancienne Année Dominicaine, avec approbation
du Révérendissime Père Choche, Maître général
de l'Ordre, nous en permettons la réimpression,
en un volume à part, avec des additions dues à
un docte chanoine de Capoue (1).

Saint-Maximin, 1er Mai 1895.

Fr. Et.-M. GALLAIS,
Prov. des FF. PP.

(1) Les additions sont marquées dans le texte par un asté-
risque ★, ou renvoyées en note au bas de la page.

IMPRIMATUR :
Massiliæ, die 10ᵃ Maii 1895,
In festo S. Antonini, O. P.
M.-J. OLLIVIER, V. g.

Obéissant aux décrets du Souverain Pontife Urbain VIII,
nous déclarons que le titre de Bienheureux n'est attribué,
dans cette Notice, à Raymond de Capoue, que comme ex-
pression de la tradition historique, mais sans préjuger en
rien la décision du Saint-Siège.

VIE

DU

BIENHEUREUX RAYMOND DE CAPOUE

I

Naissance illustre, éducation et vocation religieuse du B. Raymond

C'est dans la ville de Capoue que le B. Raymond prit naissance, vers l'année 1330, de l'illustre famille des Vignes. Ses ancêtres avaient acquis une haute réputation aussi bien dans le service des armes que dans le culte des belles-lettres. Le plus connu est Pierre des Vignes, protonotaire de l'Empire et vice-roi des royaumes de Naples et de Sicile pour l'empereur Frédéric II. Ce prince l'envoya aussi en qualité d'ambassadeur près du pape Innocent IV, mais récompensa bien mal ses services, car, irrité d'avoir reçu de lui un conseil, pourtant très sage et digne d'un homme de longue expérience, il eut la barbarie de lui faire crever les yeux (1).

Les parents du jeune Raymond, voulant lui donner une éducation convenable à sa naissance, eurent grand soin de lui inspirer également le goût des sciences et l'amour de la vertu.

La vivacité de son esprit, son application à l'étude et sa fidélité constante aux exercices de piété, lui faisant connaître la vanité des choses du monde, il résolut de se retirer dans le cloître,

(1) Les archives de Capoue permettent de retrouver jusqu'en 1105 la trace des ancêtres de Raymond. La série des générations, depuis lors jusqu'à lui, est ainsi établie par le chanoine Gabriel Janelli, dans l'arbre généalogique de la famille des Vignes : Pagano de Bignia, 1105 ; — Giovanni de la Vinca, mort avant le premier mai 1207 ; — Angelo de Vinea, notaire en 1205-1207, père du célèbre Pierre des Vignes et de Constantino ; — Constantino, mort avant 1235 ; — Guglielmo, juge de la cour impériale, mort avant novembre 1252 ; — Pietro I, conseiller et familier de Charles d'Anjou, mort avant 1292 ; — Guglielmo II, mort après 1303 ; — Pietro III, jurisconsulte, conseiller et familier du roi Robert, juge de la cour de premier appel de Provence à Forcalquier et père du B. Raymond ; Pietro eut aussi une fille appelée Margherita, un autre fils appelé Nicolas et un troisième appelé Antonio ou Antonello, familier du roi Ladislas et légat d'Innocent VII en Toscane et en Lombardie.

Les armes de cette noble famille portaient une bande rouge descendant de gauche à droite et profilée d'or sur fond d'azur. Plus tard, on mit sur la bande une branche de vigne avec pampres et grappes.

afin de combattre généreusement sous l'étendard de Jésus crucifié. Nous ne savons point au juste la cause et les circonstances qui l'engagèrent à choisir l'Ordre des Frères Prêcheurs ; nous apprenons seulement de lui-même qu'il y.fut appelé miraculeusement par saint Dominique en personne : « *Verùm quia B. Dominico, me, ut veritatem fatear, miraculosè vocante, suum Ordinem sum ingressus immeritus* », dit-il dans sa Vie de Catherine de Sienne.

★ L'application du Bienheureux à atténuer et voiler tout ce qui pouvait tourner à sa gloire fait supposer que ce fut un évènement vraiment extraordinaire et miraculeux qui détermina sa vocation. Peut-être une guérison inespérée, ou une apparition céleste, ou le triomphe humainement impossible des résistances obstinées de ses parents, menacés de voir crouler à l'improviste les espérances humaines que leur donnaient ses rares qualités. En effet, Raymond avait reçu de sa mère, appelée Maria, cette douceur, cette miséricorde, cette modestie, cette dévotion envers la Reine des cieux qui caractérisèrent toute sa vie. A son père et aux traditions de la famille il dut cette rectitude d'esprit, cette sincérité de conduite, ce culte de la justice, ce respect de la loi, cette énergie à défendre l'autorité, et en même temps cette modération dans les formes qui se révèlent partout dans ses écrits, inspirèrent toujours sa conduite et furent pour lui la source de tant de tribulations, mais aussi de tant d'héroïques vertus. Cet ensemble de qualités se retrouvait même dans son extérieur, comme l'a attesté le B. Etienne Maconi, général des Chartreux, dans le procès, fait à Venise, sur les vertus, les miracles et les faveurs célestes de Catherine de Sienne. « C'est avec assurance, dit Maconi, que « je rends ce témoignage (à Raymond), car j'ai « longtemps vécu avec lui, quoique ne le méri- « tant pas, et je n'ignore pas sa vie recomman- « dable, ses qualités odorantes, à savoir : de vir- « ginité, de noblesse même corporelle, de grande « science et d'autres vertus par lesquelles Notre « Seigneur Dieu l'avait rendu insigne. »

★ Un manuscrit d'Orvieto, remontant au milieu du XIV⁰ siècle, dit : « Raymond, venant à Bologne comme étudiant en droit canon, entra dans l'Ordre par dévotion. » Cette hypothèse n'a rien d'improbable, les études de droit, particulièrement en honneur dans la famille des Vignes, étant renommées à Bologne. N'est-ce pas là aussi que se trouve le tombeau de saint Dominique, et est-il surprenant qu'une grâce en soit sortie pour attirer à l'Ordre des Frères Prêcheurs celui qui mérita plus tard d'être appelé *le deuxième père de l'Ordre après Dominique ?* Un fait analogue eut lieu, quelques années après, pour le B. Pierre Jérémie, dont il est dit, dans le cours de son Office : « Né à Palerme, il vint à Bologne encore ado-« lescent, pour y étudier le droit. Là, au moment « où il allait obtenir le grade de docteur, poussé « par l'amour des biens célestes, méprisant toutes « les choses de la terre, il entra, à Bologne même, « dans l'Ordre des Frères Prêcheurs.» Ce fut aussi un coup extraordinaire de la grâce qui changea son père, venu de la Sicile furieux et résolu à l'arracher du cloître par la force. De retour en Sicile, il y travailla heureusement, comme légat du pape Eugène IV, à la réforme des maisons religieuses . ⋆

Michel Piò, Ferdinand de Castille, Fontana et quelques autres prétendent aussi que Raymond prit l'habit au couvent de Bologne ; néanmoins Marchese, l'auteur du *Diario Dominicano*, Théodore de la Vallée et plusieurs autres assurent que ce fut à Capoue même, lieu de sa naissance. Du reste, le couvent où a lieu la vestition n'est pas nécessairement celui de l'affiliation, il peut donc se faire que Raymond, prenant l'habit à Bologne, ait demandé, pour donner à ses parents une satisfaction, à être inscrit comme fils du couvent de Capoue. Quoi qu'il en soit, dès qu'il se fut consacré à Dieu dans l'état religieux, il se distingua par un grand amour pour la retraite et l'oraison et par une exacte observance des Constitutions, s'opposant ainsi de tout son pouvoir au grand relâchement malheureusement introduit dans l'Ordre à l'occasion de cette horrible peste qui avait enlevé plus d'un tiers de la population dans les années 1348-1349. Dieu répandit sur lui beaucoup de grâces et il eut dans la suite le bonheur d'être le premier à travailler à la réforme de l'Ordre.

II

Etudes du B. Raymond et ses débuts dans le saint ministère.
Il compose la Vie de sainte Agnès du Mont Politien.

Lorsqu'il eut achevé ses études à Bologne, Raymond, animé du véritable esprit de notre saint Patriarche, s'occupa à se rendre digne des fonctions apostoliques et capable de travailler avec fruit au salut des âmes. L'assiduité à l'oraison, la lecture de l'Ecriture sainte (1) et des Pères de l'Eglise, la défiance de soi-même, la confiance en Dieu et une vigilance continuelle sur ses actions furent les moyens dont il se servit pour se disposer à un emploi si relevé. Il devint par là un habile théologien, un excellent prédicateur et un saint religieux qui, toujours pénétré du sentiment de son néant, n'éleva jamais son cœur et n'eût

(1) On rapporte qu'il professa l'Ecriture sainte. La manière dont il en fait usage dans ses écrits montre que non seulement il en connaissait la lettre, mais qu'il en avait pénétré l'esprit et savait le faire goûter aux autres.

jamais consenti à recevoir la qualité de maître et de docteur, quelques instances qu'on eût pu lui faire, si le pape Urbain VI n'eût ordonné à l'évêque de Florence de lui imposer le bonnet de docteur.

Sa vie exemplaire et l'expérience qu'il avait dans les voies de Dieu portèrent ses supérieurs à lui donner la direction de plusieurs monastères de religieuses. On lui confia, entre autres, celui que sainte Agnès du Mont Politien avait fondé depuis peu et qui, conservant l'esprit de ferveur et de sainteté introduit par cette grande servante de Dieu, jetait alors beaucoup d'éclat en Italie. Son application et ses soins à entretenir et augmenter dans ces épouses de Jésus-Christ le feu sacré dont leur cœur était embrasé, sa vigilance et son discernement à distinguer l'esprit de Dieu des plus subtiles et des plus secrètes recherches de l'amour-propre, le firent considérer comme un homme rempli de l'esprit de Dieu et très éclairé pour la conduite des âmes. Ce fut dans ce temps qu'il composa la Vie admirable de sainte Agnès du Mont Politien, honorée de l'approbation de Clément VIII.

★ Ce grand pape, en effet, dans le bref même où il approuve l'Office de la sainte, dit expressément : « Les leçons sont tirées de la Vie d'Agnès qu'a fidèlement écrite le Bienheureux Raymond de Capoue. » Et tous les écrivains compétents ont, depuis, adhéré à cet éloge.

★ Sans doute, dans cette Vie (et dans celle de Sainte Catherine de Sienne) le biographe n'offre ni ces charmes de la diction, ni cet art à donner du relief aux tableaux, ni ce talent à jeter çà et là le trait, la réflexion, l'anecdote pour soutenir l'intérêt, qui font le mérite de Vies plus récentes. Mais, en revanche, on y trouve un style facile, ordonné, harmonieux ; les pensées y ont une limpidité et une transparence sans égales. Pendant que se déroulent ces idées toujours élevées, bien qu'exemptes de toute prétention dans la forme, on croirait voir se dresser devant soi l'auteur lui-même, scrupuleusement attentif à ne dire que la simple vérité, très instruit des mystères de la vie spirituelle, doucement ému de ce qu'ils ont d'attrayant et de divin, désireux de voir son récit faire du bien aux âmes et n'ayant pour lui qu'une préoccupation, qu'une habileté, celle de se tenir dans l'ombre. Mais en lui se réalise une fois de plus la maxime : *Qui s'humilie sera exalté ;* puisque le docte écrivain a vu se surajouter aux éloges mentionnés ci-dessus l'honneur d'être proclamé

Bienheureux dans un des actes du Saint-Siège les plus graves et les plus solennels, la bulle de canonisation de sainte Agnès. C'est le pape Benoit XIII qui dit dans cette bulle : « Agnès, illustre par la « vénération et les louanges que lui donna Cathe- « rine de Sienne, obtint, pour écrivain de sa vie, « le même auteur que la vierge siennoise, le Bien- « heureux Raymond de Capoue, plus tard maî- « tre général de l'Ordre des Frères Prêcheurs. » Et le pape termine par ces mots : « Qu'aucun des « hommes n'ose contredire témérairement cette « page de notre définition, décret, relation, com- « mandement; autrement, il encourrait, qu'il le « sache bien, l'indignation du Dieu tout-puis- « sant et celle des Bienheureux Apôtres Pierre et « Paul. » ★

III

Dévotion filiale de B. Raymond
envers Marie.

Le zèle du serviteur de Dieu pour la sanctifica-
tion des âmes était accompagné de la plus tendre
dévotion envers la Très Sainte Vierge et il tàchait
de l'inspirer à tous ceux qui étaient placés sous
sa direction. C'était l'objet par excellence de sa
piété et de son amour. Il avait à cœur de rendre
chaque jour à Marie quelque hommage particulier et de développer son culte. Malgré la faiblesse
de sa santé; il ne manquait pas de jeûner la veille
de toutes ses fêtes, et, s'il put s'en acquitter, ce
ne fut assurément que par une grâce singulière
que lui obtint cette Mère de miséricorde, afin de
seconder les pieux désirs qu'il avait de l'honorer,
car il eut toute sa vie de si grandes faiblesses d'estomac, qu'il lui fut impossible d'observer exacte-
ment les jeûnes prescrits par les Constitutions de
l'Ordre. La douleur intérieure qu'il ressentait, de
ne pouvoir sous ce rapport remplir ses obligations, ne saurait s'exprimer; il était sans cesse

préoccupé de lutter contre cette faiblesse ; il en pleurait et en gémissait nuit et jour, suppliant Dieu de lui donner les forces nécessaires ; et, comme ses instances demeuraient inutiles, il se faisait de telles violences, que les supérieurs et les médecins, aussi bien que plusieurs personnes pieuses qu'il consulta, furent obligés de calmer les scrupules de sa conscience et lui ordonnèrent de se modérer.

« J'avoue, a-t-il dit lui-même dans la lettre
« qu'il écrivit à Philippe d'Alençon cardinal
« d'Ostie, pour le soutien de la vie régulière, qu'en
« punition de mes péchés le Dieu tout-puissant
« m'afflige d'une faiblesse d'estomac et d'un mal
« de tête continuels. Je suis tombé plusieurs fois
« en syncope et défaillance pendant ma jeunesse ;
« j'ai même eu les fièvres lorsque je jeûnais ;
« pourtant, j'ai souvent essayé de le faire nonobs-
« tant ma grande faiblesse, et je ne me tromperais
« pas beaucoup en disant que je l'ai fait ainsi
« peut-être cinq cents fois. J'ai consulté à ce
« sujet tous ceux que je savais remplis de la
« crainte de Dieu, et tous m'ont répondu unani-
« mement que je ne devais plus m'imposer de si
« grands efforts. Je puis en attester cette immua-
« ble Vérité que nul ne saurait tromper, j'en res-

« sens au fond de mon cœur une douleur conti-
« nuelle et ce n'est pas trois fois seulement,
« comme l'Apôtre, mais je ne sais combien de
« fois que, par moi-même et par d'autres, j'ai
« prié le Seigneur de mettre fin à cette épreuve
« sans jamais avoir été exaucé (1). »

Cette impuissance humiliante qu'éprouvait le B. Raymond de Capoue d'observer les jeûnes prescrits par nos saintes Constitutions prouve bien clairement, comme nous l'avons dit, que la facilité qu'il eut de pratiquer cette pénitence aux veilles des fêtes de la Bienheureuse Vierge Marie fut une grâce singulière obtenue de cette Conso-latrice des affligés.

(1) « *Fateor quod peccatis meis exigentibus, Omnipotens* « *Deus me flagellat : debilitate namque stomachi et capi-* « *tis vexor continuè et quandoque passus sum syncopem* « *in juventute mea, et quandoque febres ex jejunio. Nec* « *diffiteor quin probaverim multis vicibus, contrà infirmi-* « *tatem meam, jejunare, et si de quingentis vicibus, for-* « *sitan non de multo errarem ; nec unquam habui notitiam* « *alicujus personæ timentis Deum, quam non consuluerim* « *super hoc, omnes unâ voce dixerunt quod non debeam* « *amplius conari. Novit enim illa Veritas quæ non fallitur,* « *quod hic dolor inest quasi continuè cordi meo, et quod* « *non tantum ter, ut dicit Apostolus, sed innumeris vici-* « *bus, Deum rogavi, tam per me quam per alios, nec tamen* « *merui exaudiri.* »

★ Grâce aux témoins du procès de Venise (1), disciples et intimes de Raymond, nous avons quelques détails édifiants sur sa dévotion à Marie. Le Père Thomas, évêque de Crémone, qui avait reçu l'habit des mains de Raymond, y dit :

★ « Il fut très dévot à la Vierge Marie ; dans « ses solennités, il chantait la messe, de temps « en temps il y prêchait au peuple en langue « vulgaire, et souvent, selon que je l'ai en- « tendu, il mêlait à ses discours quelque chose « de la vierge (2). Tous les jours, outre l'Office

(1) Le procès de Venise, instruit en 1411 par François Bembo, évêque de Castellano, avait pour but d'examiner les accusations portées contre les admirateurs de Catherine qui, disait-on, lui rendaient, sans qu'elle fût canonisée, un culte abusif et exagéré. Mais, dans cette circonstance comme dans bien d'autres analogues, les passions humaines servirent aux desseins de Dieu. Les disciples de Catherine, encore presque tous vivants et hommes recommandables entre tous, furent amenés à faire les dépositions les plus détaillées, les plus sûres, les plus précieuses sur la vie, les vertus et les dons surnaturels de la sainte. Ce qui, par concomitance, les amena à déclarer des choses très importantes sur le B. Raymond. Sans ces attaques et ce procès informatif, quand on traita, sous Pie II, la question de la canonisation de Sainte Catherine retardée par les divisions de l'Eglise, des éléments juridiques péremptoires et de première main eussent fait défaut au procès, lacune qui eût été irréparable.

(2) Probablement de Sainte Catherine que le témoin ne prend pas la peine de nommer, tout le procès roulant sur elle.

« usuel de la Sainte Vierge, il insistait sur cer-
« taines louanges particulières. »

★ Le B. Etienne Maconi ajoute : « Il est une
« chose qu'à la fin je ne puis taire, c'est que comme
« je l'ai parfaitement constaté : il fut très dévot à
« la bienheureuse Vierge Marie, comme il apparaît
« aussi à tous ceux qui lisent attentivement ce
« pieux et très beau traité qu'il composa sur le
« *Magnificat*. » Malheureusement, cet ouvrage
n'est pas arrivé jusqu'à nous (1).

★ Le chroniqueur Olmeda nous raconte, à son
tour, que « sous Raymond, la fête de la Visitation
« de la B. Vierge, quand elle salua Elisabeth et
« que l'enfant de celle-ci tressaillit dans son sein,
« fête instituée par Urbain à cause du schisme
« pestilentiel et confirmée par son successeur
« Boniface, fut reçue dévotement par l'Ordre. Et
« ce fut Raymond qui en dicta l'Office à l'instar
« de celui Saint Dominique, tel que pendant plus

---

(1) Il y a, à la bibliothèque du Vatican, un traité sur le
Magnificat. Chaque verset est l'argument de trois chapitres :
1° *Collatio ad litteram* ; 2° *Meditatio de privilegiis Beatæ
Mariæ Virginis;* 3° *Oratio*. Le traité porte pour auteur :
BERNARDO DE VOSERGIS. Serait-ce, avec une interprétation
défectueuse des caractères et des abbréviations du gothique,
une corruption de RAIMUNDUS DE VINEIS?

« de cent ans on l'a chanté dans tout l'Ordre,
« selon son annotation (1). »

★ Lombardelli, dans sa discussion sur les
stigmates de sainte Catherine, rapporte que pour
cet Office et son commentaire sur le *Magnificat*,
Raymond mérita de Marie certains dons insignes.
C'est, sans doute, de l'un d'eux que parle un anti-
que manuscrit qui dit : » Il a composé l'Histoire
« de la Visitation de la Mère de Dieu et la Légende
« de Sainte Catherine de Sienne, dont il fut le
« confesseur. En retour de ce travail et pour ré-
« compenser ses mérites et ceux de Catherine, la
« Vierge Marie lui envoya par cette Sainte une
« étole (*stolam*), qu'après la mort du Bienheureux
« et par dévotion pour lui, le général des Char-
« treux, (Maconi) alla chercher à Nuremberg,
« mais il ne l'y trouva plus (2). » ★

(1) Il se trouve dans le volume *Opera B. Raymundi*, actuel-
lement sous presse à Rome.

(2) Le *socius* de Raymond, Nicolas de Puglia, en revenant
en Italie après la mort du Bienheureux, rapporta avec lui à
Nocera le volume original de la Légende de Sainte Catherine ;
il peut se faire qu'il ait pris aussi le don miraculeux de Marie,
dont on ignore la nature, le mot générique de *stola* pouvant
signifier : une étole d'église, ou quelque autre vêtement.

IV

Le B. Raymond est donné, par Marie, pour confesseur à Sainte Catherine de Sienne.

Raymond reçut de Marie une faveur encore plus considérable que celles qui viennent d'être racontées, et qui lui causa une inexprimable joie : ce fut, ainsi que lui-même l'a déclaré, d'être choisi pour confesseur de Sainte Catherine de Sienne.

Cette séraphique vierge, tout embrasée des chastes flammes qui consument les bienheureux et pleine d'une confusion extrême pour les grâces si singulières dont l'Epoux des vierges daignait la favoriser, éprouvait les plus vives appréhensions d'être le jouet de quelque illusion. L'éloignement qu'elle avait pour toutes ces faveurs extraordinaires, la docilité et l'obéissance aveugle à la volonté de ses supérieurs et les effets admirables que produisait en son âme cette effusion de grâces la rassuraient bien un peu sur son état, mais elle n'en était pas moins continuellement agitée par la crainte et pénétrée du sentiment de ses misères.

Or, un jour que, prosternée en prières, elle invoquait avec les plus vives instances la Très Sainte Vierge Marie, qu'elle considérait comme sa mère et sa protectrice, lui demandant un confesseur aussi riche en sainteté qu'en lumières, capable de la préserver de tout égarement dans les voies extraordinaires qui lui causaient tant de troubles, cette Mère de miséricorde, touchée par les soupirs de sa servante, lui apparut d'une manière sensible, calma ses craintes et lui promit pour confesseur le B. Raymond, qu'elle lui fit voir, en lui disant : « Ne craignez plus rien, Cathe-« rine, car je vous donne un confesseur qui est « selon mon cœur et dont vous recevrez beaucoup « plus de consolations que de tous les autres : « c'est un homme juste et craignant Dieu, plein « de zèle et qui a pour moi le plus grand « amour. »

Cette vision, on le comprend, rassura Sainte Catherine et lui donna en même temps une haute idée de la sainteté du B. Raymond. Elle s'empressa donc d'aller le trouver au couvent de Sienne, où il était alors, et lui raconta avec une grande simplicité ce qui s'était passé en elle. L'humilité profonde et l'extrême confusion où elle paraissait être, en découvrant la grâce insigne dont elle avait été favorisée, édifièrent grandement le B. Raymond. Celui-ci, appréciant aussitôt l'esprit qui animait toutes les démarches de Catherine, jugea bien qu'elle était uniquement guidée par l'influence divine. Aussi, obéissant au zèle dont il était rempli pour la gloire de Dieu et craignant de résister à sa volonté, il n'hésita pas à se charger de la conduite de cette âme innocente et pure.

Ce n'est pas assurément un témoignage médiocre de la grande vertu de notre Bienheureux, que ce choix dont il fut l'objet ; car, selon les voies ordinaires de la Providence, Dieu ne confie les âmes éminentes en sainteté qu'à des directeurs déjà engagés eux-mêmes dans la voie de la perfection et prédestinés à de grandes choses. Est-ce qu'on n'a pas toujours regardé les confesseurs de sainte Thérèse comme des hommes du plus haut mérite, par cette seule raison qu'ils avaient été chargés de la conduite d'une si grande sainte ? Quand l'Eglise n'en aurait pas mis déjà plusieurs au nombre des saints et des bienheureux, comme saint Pierre d'Alcantara, saint Louis-Bertrand, saint François de Borgia, saint Jean de la Croix et tant d'autres dont cette vierge séraphique fait l'éloge dans ses admirables écrits, on ne serait pas moins fondé à dire que Dieu ne réserve ordinairement la conduite des âmes qui lui sont si chères qu'à ses plus fidèles amis, à ceux qui, animés d'un véritable zèle pour sa gloire et pour le salut de leurs frères, s'appliquent, de toutes leurs forces, à la plus haute perfection.

★ Deux fois, dans ses lettres à Raymond, Catherine de Sienne fait allusion à cette grâce de Marie dont nous venons de parler, quand elle lui dit : « A vous, très cher Père, et Fils dans le Christ « Jésus, donné par Marie, cette douce Mère, « moi Catherine, servante et esclave des servi- « teurs de Jésus-Christ, je vous écris dans son pré- « cieux sang.. » (*Lettre LXXXIX.*) Et encore : « Hélas, mon Fils, donné par cette douce Mère « Marie, je ne veux pas que vous tombiez dans « l'ennui et la confusion pour aucune impression « pénible que vous éprouviez dans votre cœur... » (*Lettre LXXXVIII.*)

★ On remarque qu'elle appelait Raymond : tantôt son *Père*, quand elle considérait en lui le représentant de la divine autorité et le dispensateur des sacrements ; tantôt son *Fils*, quand elle voyait avec joie grandir dans son cœur la vie de la grâce qu'elle y avait si bien cultivée, et le trouvait particulièrement intelligent et empressé pour seconder ses œuvres de zèle. De son côté, Raymond l'appelait souvent sa *Mère ;* et tandis que Catherine, évoquant les souvenirs évangéliques, le regardait comme son saint Jean ; lui, révérait en Catherine les dons, les inclinations, les œuvres rédemptrices de Marie. ★

V

Sage direction donnée à Catherine par Raymond.

Sous la conduite d'un directeur si sage et si vertueux, Catherine de Sienne marchait à pas de géant dans le chemin de la vertu ; mais, pour Raymond, abîmé dans le sentiment de son néant et toujours petit à ses propres yeux, confus de se voir obligé de donner des instructions à une âme si parfaitement instruite par Dieu lui-même, il se trouvait plongé en d'étranges anxiétés et de continuelles agitations d'esprit. Les grâces singulières que le Ciel faisait à cette illustre pénitente et les innombrables faveurs dont elle était prévenue, étaient, humainement parlant, si peu en rapport avec la petitesse d'une créature, en comparaison de la grandeur de Dieu, qu'elles lui firent redouter pour sa fille spirituelle quelque secrète illusion. Cependant, la sincérité et la candeur avec laquelle Catherine lui rapportait tout ce qui se passait en elle, son obéissance et sa docilité parfaite à ses instructions, l'humble sentiment de sa misère dont elle était pénétrée, son désir ardent de souffrir pour Jésus-Christ les évènements les plus fâcheux (1), sa patience invincible au milieu des douleurs et des plus noires calomnies, son zèle pour la gloire de Dieu et les intérêts de l'Eglise, sa charité sans bornes envers le prochain, enfin ses admirables progrès dans la perfection, le rassuraient en quelque manière et lui interdisaient le doute sur la vérité de ces extases et de ces révélations. Mais, comme il n'ignorait pas que souvent l'ange des ténèbres se transforme en ange de lumière, que l'amour-propre a des secrets impénétrables et que les personnes du sexe, avec leur esprit faible, peuvent, par la véhémence de leur imagination, se représenter comme réel ce qui n'est que chimère et se persuader même, par la lecture fréquente des livres spirituels, qu'elles sont élevées à la plus sublime contemplation, il n'y eut pas de précaution qu'il ne prit afin d'arri-

(1) Des critiques bruyantes et inconsidérées furent formulées et allèrent jusqu'à la persécution violente. Elles regardaient en particulier ses fréquentes communions. Mais le Bienheureux, également éloigné d'une largeur indiscrète et d'une rigueur intempestive, l'encourageait dans cette habitude, discernant en elle, dans un degré éminent, les conditions requises et formulées plus tard par différents maitres de la vie spirituelle.

ver à découvrir la vérité et à déjouer, s'il était besoin, toutes les ruses du démon.

Cette application et cette vigilance du B. Raymond de Capoue à examiner l'esprit de sa pénitente augmentaient à proportion que les dons et les grâces qu'elle recevait devenaient plus fréquents. Ainsi, la critique générale de toute sa vie, une censure rigoureuse de ses plus légères imperfections, un mépris habituel et affecté de ses visions et révélations et une attention continuelle à la mortifier et à l'humilier furent longtemps l'exercice de ce directeur aussi éclairé que prudent; mais, constatant toujours dans cette servante de Dieu un esprit égal et tranquille, une obéissance aveugle et générale, une fidélité scrupuleuse aux moindres inspirations de la grâce, une vigilance extraordinaire sur tous les mouvements de son cœur, un amour extrême pour les souffrances, un saint empressement pour les mépris et un détachement parfait de toutes les faveurs célestes, il demeura convaincu que ni le démon ni l'imagination n'étaient le principe de ces faveurs singulières et qu'elle n'était en réalité conduite que par l'esprit de Dieu. Cette tranquillité et cette assurance lui demeurèrent quelque temps, mais il retomba bientôt dans la même inquiétude et fut sur le point de rejeter enfin comme suspectes toutes ces grâces.

Dans ces perplexités, il eut recours à la prière et, comme il demandait à Dieu de le vouloir éclairer de ses lumières, il se sentit soudain inspiré de prescrire à Catherine de Sienne qu'elle lui obtînt une vive contrition de tous ses péchés : car, une grâce si précieuse ne pouvant venir que du Ciel qui ne consent jamais à autoriser par un miracle le mensonge et l'illusion, il trouverait, concluait-il, dans cette contrition un signe indubitable de l'esprit qui conduisait sa servante. La Sainte lui promit sur l'heure de lui obtenir cette grâce et s'engagea même à la lui faire ressentir. Il en vit bientôt l'heureux succès ; car, dès le lendemain, Catherine, étant venue lui rendre visite, lui parla avec tant de force et d'onction de la bonté de Dieu et de l'ingratitude des hommes, que frappé du souvenir de ses propres péchés, fondit en larmes, au grand étonnement de tous les assistants ; aussi, à partir de ce moment, ne fut-il jamais plus tenté de révoquer en doute les voies extraordinaires de sa pénitente.

Après l'examen si prudent et si minutieux auquel le Bienheureux soumit, comme on le voit, l'esprit et les visions de cette vierge séraphique,

après les précautions qu'il prit pour n'être point
induit en erreur sur la réalité des opérations pro-
digieuses que la grâce faisait dans cette âme si
pure, c'est donc bien mal à propos que certains critiques se sont permis d'émettre des doutes, comme
si de telles faveurs étaient « peu proportionnées à
« l'idée que nous devons avoir de la conduite de
« Dieu envers les saints qu'il donne à l'Eglise pour
« modèles. » Bien différent et bien plus juste est
le raisonnement du pieux Louis de Grenade, dont
tous les écrits sont si remplis de l'esprit de Dieu,
lorsque, relevant les faveurs insignes accordées
par le Ciel à Sainte Catherine et attestées par le
B. Raymond, il dit : « Il est un fait personnel que
« je puis affirmer. J'ai lu de tous les côtés beau-
« coup de choses sur l'ampleur de la divine bonté
« et charité. Cependant je n'ai rien lu (après ce
« qui concerne l'ineffable mystère de l'Incarna-
« tion du Seigneur) qui me révèle mieux la bonté
« et la charité de Dieu, que les actions de cette
« vierge et les privilèges singuliers que le Seigneur
« lui a accordés. » (*Introduction aux Sermons
sur Sainte Catherine de Sienne.*)

On reconnaît ici les sentiments des saints qui
se gardent de prétendre mesurer et limiter les
divines miséricordes à nos faibles lumières, sont

persuadés que le Dieu de bonté aime les hommes avec beaucoup plus de tendresse qu'une mère n'en eut jamais pour son enfant et comprennent qu'après tout les grâces et les faveurs singulières consignées dans la vie des saints ne sont rien en comparaison de ce qu'il a opéré pour le salut du genre humain tout entier. La fidélité et l'exactitude seules du B. Raymond à nous raconter ce qui s'est passé à l'égard de celle dont il était le confesseur sont assurément plus que suffisantes pour rassurer les esprits les plus exigeants. S'ils s'y refusaient, nous nous bornerions à répondre que le témoignage du serviteur de Dieu a été reçu de l'Eglise elle-même et que les grâces et faveurs dont il a dit que Catherine avait été favorisée sont solennellement insérées dans la bulle de canonisation.

★ Et combien d'hommes éminents en science et en expérience des choses de Dieu ont célébré, depuis, soit les prérogatives de Catherine de Sienne, soit les mérites de Raymond qui les a vues et racontées? Nous en citerons un seul : saint Alphonse de Liguori, docteur de l'Eglise. Dans une œuvre doctrinale, *Vérité de la Foi*, souvent rééditée et traduite dans un grand nombre de langues, parlant de différents dons qui distinguent

la vraie Eglise de Dieu et, en particulier, du don
de prophétie, il dit : « Cet esprit de prophétie
« s'est bien conservé parmi les enfants de l'Eglise
« de Jésus-Christ, comme l'avait prédit Joël :
« *Et erit in novissimis, dicit Dominus, effun-*
« *dam de Spiritu meo super omnem carnem et*
« *prophetabunt filii vestri et filiæ vestræ.* Et cela
« s'est bien vérifié, comme nous l'attestent des
« hommes prudents et pieux, et aussi des saints
« canonisés par l'Eglise. Saint Athanase atteste les
« prédictions de saint Antoine abbé, saint Basile
« celles de saint Grégoire le thaumaturge, saint
« Grégoire le grand, celles de saint Benoit, saint
« Bernard celles de saint Malachie, saint Bonaven-
« ture celles de saint François, *saint Raymond*
« *celles de Sainte Catherine de Sienne* (1). » ★

(1) Certaines traductions ont substitué, pour Raymond, le
qualificatif de *bienheureux* à celui de *saint*, mais c'est bien
ce dernier qui se trouve dans l'édition italienne de 1763, im-
primée du vivant du saint docteur et soumise à la Sacrée
Congrégation des Rites pour l'approbation de ses écrits, C'est,
du reste, le même titre qui lui est donné dans divers auteurs
flamands et hollandais : *heilige*. D'autres, écrivant en latin,
emploient le mot de *divus*. Certains vieux auteurs français
cumulent les expressions et disent : *le bienheureux sainct
Raymond*.

VI

Zèle croissant du B. Raymond
pour le salut des âmes.
Ses efforts pour la pacification des cités.

Le soin que Raymond de Capoue mettait à con-
duire Sainte Catherine selon les mouvements de la
grâce lui donna fréquemment l'occasion de se
dépenser pour le salut des âmes. En effet, le Dieu
de miséricorde, qui multiplie les miracles quand
il lui plaît et les opère par les instruments qu'il
juge à propos, répandait sur les paroles de sa
servante de si abondantes bénédictions, que tous
ceux qui conversaient avec elle en devenaient
meilleurs : *Nemo ad eam accessit qui non me-*
lior abierit (1), et que beaucoup, touchés de sentiments de pénitence, réclamaient de préférence,
pour se réconcilier avec Dieu, le ministère du B.
Raymond, confesseur de la Sainte. Le nombre en
était si grand, raconte-t-il lui-même, qu'occupé du
matin au soir avec deux de ses compagnons dans

____

(1) Pie II, *Bulle de la canonisation.*

cet exercice de charité, ils avaient à peine le temps de prendre un peu de nourriture.

Le pape Grégoire XI eut beaucoup de joie d'apprendre que le Bienheureux s'adonnait avec tant de zèle à la conversion des pécheurs et, pour lui faciliter de les ramener au bien, il lui accorda ainsi qu'à ses compagnons le pouvoir d'absoudre de tous les cas réservés. Ce fut vers cette même époque, c'est-à-dire en l'année 1374, que le B. Raymond se trouva à Sienne pendant que la peste y faisait les plus grands ravages. Aussi la charité qui l'animait toujours ne lui permit pas de laisser les habitants sans le secours de son ministère. Il leur administra les sacrements, les visita nuit et jour pour les consoler, et fut si assidu à les servir, qu'à peine trouvait-il le temps de prendre un court repos dans l'hôpital même où il se tenait à la disposition des plus malheureux. Il se ménagea si peu, que lui-même fut atteint de la contagion et on l'eût bientôt vu enlevé de ce monde, si Sainte Catherine, qui par révélation apprit sa maladie et les services importants qu'il devait rendre un jour à l'Eglise de Jésus-Christ, n'eût obtenu du Ciel sa guérison pour lui permettre de servir encore les pestiférés.

Ces actes de charité furent comme les essais

et les préludes des grands travaux que le B. Raymond devait accomplir dans la suite. La ville de Florence s'était révoltée en l'année 1375 contre le pape, et ses habitants, égarés par quelques factieux, ne voulant ni reconnaître son autorité, ni écouter ses charitables remontrances, furent enfin frappés d'excommunication ; mais ils n'en tinrent nul compte pas plus que les Pérusiens, qui étaient entrés dans leur ligue. Cette conduite causa au Bienheureux la plus vive affliction et il la signala, en la déplorant, dans une de ses lettres à Sainte Catherine de Sienne. La servante de Dieu, dans sa réponse, ne fit que l'encourager à la souffrance, en lui annonçant qu'il devait se préparer à des malheurs encore plus déplorables, prédiction qui ne tarda pas à se réaliser. La république de Florence, en effet, usurpant la juridiction de l'Eglise et foulant aux pieds ses immunités, emprisonna les ecclésiastiques et se révolta complètement contre le Saint-Siège. Les auteurs de tant de violences furent à leur tour excommuniés et tout leur pays fut frappé d'interdit. Effrayés, les Florentins rentrèrent peu à peu en eux-mêmes et cherchèrent un médiateur pour se réconcilier avec l'Eglise. Ce fut sur le B. Raymond qu'on jeta les yeux et les Florentins prièrent Sainte Catherine de Sienne, dont la sainteté répandait déjà le plus vif éclat dans toute l'Italie, de se joindre à son confesseur. Celui-ci se transporta tout d'abord à Avignon, où résidait alors le pape, afin de disposer les esprits à la paix. Sainte Catherine, y étant aussi arrivée, fut reçue avec beaucoup d'honneur par le pape et les cardinaux et obtint aisément du Souverain Pontife, toujours enclin à l'indulgence, une amnistie générale pour les Florentins. Il semblait déjà que la paix et la tranquillité étaient sur le point d'être rétablies en ce pays par la médiation et les soins du B. Raymond et de Sainte Catherine de Sienne ; mais quelques esprits séditieux, poussés par des intérêts particuliers, excitèrent de nouveau le peuple de Florence, et toutes les négociations échouèrent. Dieu néanmoins tira de ce voyage et de ces conférences une véritable gloire ; car ce fut alors que le pape Grégoire XI, encouragé par le B. Raymond à revenir à Rome, comme dans le lieu naturel du Saint-Siège, afin de procurer la paix à l'Italie qui se voyait, en son absence, exposée à la violence et à la fureur de plusieurs tyrans ; et sollicité dans ce même sens par Sainte Catherine qui lui découvrit le dessein qu'il avait formé en secret de quitter Avignon, se résolut à rétablir en effet à Rome le siège de la papauté.

⋆ Ce fut en revenant de Provence en Italie, que le B. Raymond, avec Catherine, s'arrêta à **Toulon**. A peine la nouvelle répandue dans la ville, une foule immense entoura l'hôtellerie où ils étaient descendus, demandant à voir la Sainte. Catherine était en oraison dans une chambre et Raymond d'abord ne voulut pas qu'on la troublàt ; mais, vaincu par les instances, il permit aux femmes seules d'entrer. Parmi elles était la sœur du vicaire de l'évèque de Toulon, portant entre ses bras une créature qui ressemblait plus à un monstre qu'à un enfant. « Daignez seulement, Epouse de Jésus-Christ, s'écria-t-elle, prendre mon fils entre vos bras, et il reprendra une figure d'homme. » Catherine hésita, non par horreur de la difformité de l'enfant, mais par crainte qu'un miracle ne lui attiràt l'admiration. Enfin, la charité l'emporte, elle tend les bras et, à peine a-t-elle touché de ses mains cet être informe, qu'il prend aussitôt une parfaite figure humaine.

⋆ Les voyageurs s'arrêtèrent ensuite à Varazze, par dévotion, disent certaines chroniques, pour le B. Jacques de Voragine, né dans ce pays et mort archevèque de Gênes. D'autres conjecturent que Varazze étant devenu la résidence des évèques de Bethléem chassés de leur siège par les

Turcs, Sainte Catherine voulait avoir des détails sur les Lieux saints, nourrissant toujours l'espérance qu'on pourrait organiser une croisade pour les délivrer du joug des Mahométans.

★ Les habitants, sur le conseil de Sainte Catherine, firent vœu de bâtir un temple à la Très Sainte Trinité, pour être délivrés de la peste ; le Bienheureux Raymond lut solennellement la formule du vœu, au nom de tous, devant l'évêque de Bethléem, et la grâce qu'ils désiraient leur fût accordée.

★ Ce fut à Varazze, le jour de la fête de saint François d'Assise (1376), que la Sainte eut, sur la valeur des indulgences, des communications célestes dont elle fit part au B. Raymond. Elle l'assura qu'en ce même jour il recevrait de grandes grâces du ciel et lui prédit enfin que dans quelques années, à pareil jour, il transporterait son corps d'un tombeau à l'autre, ce qui, en 1385, s'effectua à la lettre, par la translation des reliques de Catherine dans l'église de la Minerve.

★ C'est encore dans cette ville, et en ce même jour, que Dieu fit connaître à Catherine que par un effet de sa bonté infinie, en considération des mérites de la Bienheureuse Vierge Marie et du saint que l'on fêtait (1), et par égard pour les prières qu'elle lui avait adressées elle-même à ce sujet, il avait accordé à Raymond la rémission de tous ses péchés, et qu'elle devait lui recommander de célébrer toutes les années le souvenir de cette grâce insigne et de toutes celles qu'il avait reçues du ciel. ★

(1) Ce fut dans l'octave de ce même saint François, le lendemain de sa fête, 5 octobre 1399, que Raymond passa à la gloire.

VII

Le B. Raymond prieur de la Minerve.
Election d'Urbain VI.
Déposition juridique de Raymond
sur le conclave.

L'application du grand serviteur de Dieu au service de l'Eglise, alors si affligée, ne l'empêchait pas de veiller aux nécessités de son Ordre. Son zèle pour l'observance régulière le distinguait en toute occasion et, ayant été élu à cette époque prieur du couvent de Sainte-Marie-sur-Minerve à Rome, il réforma cette maison en y ramenant l'esprit de notre Bienheureux Père saint Dominique, avec une prudence et une sagesse qui lui attirèrent l'estime et l'affection de tous les religieux. Il eut alors la consolation de voir le retour à Rome du Pape Grégoire XI, qui, ravi d'avoir près de lui un religieux si plein de l'esprit de Dieu et dont les exhortations avaient été si puissantes pour l'exécution du dessein qu'il venait de réaliser, lui témoigna toujours la plus singulière vénération.

Cependant, les Florentins persistant avec opiniâtreté dans leur sacrilège révolte, toute l'Italie gémissait des malheurs qui accompagnent la guerre, et quelques seigneurs de Florence, venus à Rome afin d'en délivrer le pays, découvrirent au B. Raymond de Capoue ce qui avait fait échouer ses premières négociations, lui demandant de les reprendre. Le pape, informé et touché au vif des maux de l'Eglise, voulut, dans son amour pour' les Florentins, que malgré leur révolte et leur contumace il chérissait toujours de la plus tendre affection, essayer du pouvoir de Sainte Catherine de Sienne. Il la fit donc venir à Rome, d'où il l'envoya à Florence afin de traiter de la paix. La servante de Dieu entreprit ce nouveau voyage et ménagea si bien tous les esprits, qu'elle conclut enfin cette paix tant désirée.

L'Eglise, cependant, ne jouit pas longtemps de ce bienfait et se vit bientôt agitée par des divisions encore plus fâcheuses. Le pape Grégoire XI étant mort à Rome en 1378, les cardinaux se réunirent, au nombre de seize, en conclave, pour lui donner un successeur ; mais, comme chacun souhaitait un pape de sa nation, ils se trouvèrent partagés en diverses factions. Les quatre Italiens réclamaient un pape d'Italie, et les Romains entraient vivement dans ces sentiments et faisaient beaucoup de bruit pour les soutenir, craignant, si un Français était élu, qu'il ne transférât encore le Saint-Siège à Avignon où il avait été pendant soixante et dix ans, et qu'ainsi Rome et l'Italie ne fussent de nouveau exposées à tous les maux dont à peine on venait de voir la guérison.

Les autres cardinaux, tous Français, animés de dispositions opposées, prétendaient faire élire un pape de leur nation, comme on l'avait eu pendant longtemps, et n'oubliaient rien pour y réussir.

Par suite de ces circonstances et de l'attachement opiniâtre de quelques-uns à leurs intérêts personnels, l'élection du pape resta quelque temps en suspens. Les assemblées pourtant continuaient de se tenir, et enfin, le 8 avril 1378, on élut canoniquement un Napolitain, Barthélemy Batillo, qui se fit couronner sous le nom d'Urbain VI. Il fut tout d'abord reconnu et adoré comme pape légitime et successeur de saint Pierre ; mais, comme, dès les premiers jours de son pontificat, il voulut rendre à l'Église romaine sa première beauté et réformer le collège des cardinaux chez qui l'ambition, le luxe et la simonie elle-même n'étaient que trop enracinés, ce zèle suscita contre lui bien des haines. Aussi, tout en rendant hommage à la pureté de ses intentions et à cet amour passionné de la gloire divine qui le portait à réprimer des désordres criants, les auteurs qui ont raconté ces évènements lui reprochent d'avoir manqué de mesure et de n'avoir pas apporté la modération nécessaire dans une entreprise aussi juste et aussi raisonnable (1).

Quoi qu'il en soit de ce reproche, il est certain que ce fut là le prétexte et l'occasion du schisme qui, pendant quarante ans environ, désola l'Eglise. En effet, la délicatesse des cardinaux ne pouvant s'accommoder de cette réforme, ils s'éloignèrent peu à peu du pape, qui fut bientôt abandonné de tout le Sacré-Collège, à l'exception du seul cardinal de Saint-Pierre, enlevé peu après par la mort. Dès qu'ils furent entrés dans cette voie, les cardinaux n'hésitèrent plus à poursuivre leur entreprise criminelle. Ils protestèrent tout d'abord que, le peuple romain les ayant forcés d'élire un Italien, l'élection d'Urbain VI était nulle par défaut de liberté, et sortirent de Rome après avoir déclaré le Saint-Siège vacant. Dès que cette déclaration fut connue dans

(1) Sainte Catherine de Sienne elle-même lui adressa, dans ce but, les réflexions les plus sensées, les prières les plus humbles et les plus vives, prévoyant le mal que trop de raideur pourrait produire, surtout dans l'état actuel des choses.

l'Italie, le comte de Fondi, Honoré Gaétan, extrê-
mement irrité contre Urbain VI qui lui avait ôté
le gouvernement de la campagne de Rome pour
le donner à son ennemi déclaré, Thomas de Saint-
Séverin, se hâta de mettre à profit une occasion
si favorable de témoigner son ressentiment. Il
entra donc dans les vues de tous ces cardinaux
mécontents, leur procura l'appui de beaucoup de
ses parents et amis et leur facilita les moyens de
se rendre à Anagni. Arrivés dans cette ville avec
une escorte de soldats bretons, gascons et navar-
rais, ils signifièrent au pape Urbain VI que, son
élection au pontificat ayant été forcée et par con-
séquent nulle, il eût à se démettre volontairement
de cette dignité, afin que l'on pût procéder à une
nouvelle élection ; que, si la crainte des censures
ne le déterminait pas à la soumission, ils sauraient
l'y contraindre par d'autres voies. Après cette
protestation, ils se rendirent, avec le comte Honoré, à Fondi, où, favorisés encore par la reine
Jeanne de Naples, ils déposèrent, autant qu'il
était en eux, le pape Urbain VI et ils élurent à sa
place Robert de Genève, cardinal du titre des
Douze Apôtres, qui prit le nom de Clément VII et
se rendit à Avignon.

La conduite des cardinaux parut d'abord injuste,

puisqu'ils ne voulaient point reconnaître celui
qu'ils avaient élu et adoré comme chef de toute
l'Eglise. Mais, dans la suite, les factions grandis-
sant de part et d'autre, et chacun des deux papes
qui se prétendait légitime successeur de saint
Pierre ayant pour soutiens non pas seulement des
princes puissants, mais encore des personnes
recommandables par leur science et leur saintcté,
on eut grand peine à discerner lequel des deux
était le véritable pape. Il n'est pas moins hors de
doute que le prétexte allégué par les cardinaux
était faux, et qu'ils ne furent inspirés que par le
désir de secouer le joug d'un homme devenu
incommode, pour vouloir réprimer les désordres.
Ce fait ressort clairement d'un écrit authentique
du B. Raymond de Capoue, qui se trouvait encore
à Rome comme prieur du couvent de la Minerve,
et qui proteste devant Dieu, avec serment, des faits
dont il fut le témoin (1). De cette déclaration il
résulte :

1° Que, trois jours avant d'entrer au conclave,
les cardinaux étaient convenus d'élire l'archevêque
de Bari, qui était préposé à la chancellerie. « Sur

<hr>

(1) Cette déposition latine se trouve *in extenso* dans l'ouvrage susdit : *Opera B. Raymundi Capuani.*

quoi, dit le Bienheureux, j'avais témoigné ma joie parce que c'était un homme de bien ; quoiqu'il me restât quelque crainte que, par rapport aux circonstances, il ne fût trop mou et trop complaisant, *nimis mollis et remissus.* »

2° Que le cardinal Pierre de Lune, avec lequel Raymond était lié fort étroitement, lui avait, avant le conclave, déclaré que jamais, quoi qu'il arrivât, il ne donnerait son suffrage qu'à celui qu'il jugerait en conscience être le plus digne, sans nul égard aux prières, ni aux menaces du peuple.

3° Que ce même cardinal étant sorti du conclave, et le Bienheureux lui ayant rendu visite afin de s'informer de ce qui s'y était passé, il lui demanda si rien de fâcheux n'était arrivé ; sur quoi, le cardinal répondit qu'il y avait bien eu quelque différend entre les soldats gardiens du château Saint-Ange et les habitants de la ville, mais que le tumulte avait peu duré. Et, comme le B. Raymond demandait encore pourquoi on n'avait pas élu un Romain comme pape (1) : « Nous nous sommes « mis peu en peine des cris et du bruit, avait

(1) L'archevêque de Bari étant Napolitain, sa candidature ne plaisait qu'à demi au peuple de Rome, qui aurait désiré pour élu un vrai Romain de naissance.

« répliqué le cardinal Pierre de Lune, et nous
« avons choisi celui qui semblait le plus propre à
« cette haute dignité ; j'ajouterai même qu'un
« autre cardinal et moi étions résolus de mourir
« plutôt que d'agir autrement. »

4° Le Bienheureux proteste que le cardinal lui
avait aussi déclaré qu'Urbain VI avait été élu
canoniquement, et qu'on avait jeté les yeux sur
lui parce qu'on le connaissait comme un homme
de bien, savant et fort expert dans les affaires de
la cour romaine. Il raconte à ce sujet que, se pro-
menant un jour dans le jardin dudit cardinal, il
l'entendit répondre à son compagon, qui lui demandait si celui qui passait par là était le vrai pape :
« C'est lui, et sachez bien qu'il l'est aussi réelle-
« ment que saint Pierre et que je ne suis entré au
« conclave qu'avec la résolution de l'élire. »

5° Le Bienheureux rapporte encore une réponse
significative reçue du cardinal quelque temps
après. Les choses commençaient à changer de
face, et le B. Raymond, ayant à traiter avec lui
quelques affaires, se plaignit de la négligence
qu'il paraissait mettre à le seconder : « D'où
vient, lui dit-il, que, vous ayant prié si souvent
de parler au pape de cette affaire, vous ne l'ayez
pas encore fait ? Ce n'est pas ainsi qu'autrefois

vous en agissiez avec moi. » — « Sur quoi, le
« cardinal, me prenant la main, me tira à part
« et me répondit : « Je vous le dirai comme à mon
« âme, mais je ne voudrais pas qu'on le sût : je
« suis si méprisé de notre Seigneur pape, que je
« n'ai rien pu obtenir de lui qu'une toute petite
« grâce, à savoir qu'il m'a donné un massier (1),
« c'est pourquoi je n'entends plus lui parler ni de
« cela, ni d'autres choses. » — « Paroles dit le
« Bienheureux, qui ne m'édifièrent pas, car je le
« croyais, auparavant, un homme spirituel cher-
« chant, non ses intérêts, mais ceux de Jésus-
« Christ. » Aussi commença-t-il à s'en éloigner
peu à peu.

6° Enfin, le serviteur de Dieu déclare que les
Romains, l'ayant appelé au conseil public, lui
dirent qu'à la vérité ils souhaitaient avoir pour
pape un Romain ou un Italien, non pas celui-ci
ou celui-là, mais celui que la conscience des cardinaux leur suggérerait. Ce qui les poussait,
disaient-ils, à faire de telles instances, c'est :
premièrement, qu'ils avaient sujet de craindre
qu'un Français appelé au pontificat ne se retirât

---

(1) Officier de la cour pontificale qui, une masse à la main,
précède le pape dans certaines solennités.

encore à Avignon, ce qui causerait la ruine de Rome et de tout le pays ; en second lieu, c'est que, l'Italie étant presque entièrement soulevée contre l'Eglise, un pape italien aurait plus de facilité, selon toute apparence, pour mettre fin à la révolte, recouvrer les terres de l'Eglise et garantir la ville de Rome des ravages des ennemis si nombreux qui l'investissaient.

Une seconde fois le Bienheureux fut appelé au Conseil des Romains, où on lui demanda ce qu'on devrait faire dans des conditions si fâcheuses ; il prit de là l'occasion de recommander avec soin d'éviter toute violence et d'amener les cardinaux italiens à se réunir autant que possible avec quelques autres, afin d'arriver à élire un Italien : ce qui eut, en effet, le succès désiré.

Mais, contre son conseil, les Romains décidèrent de faire beaucoup de bruit, tout en défendant d'user de violence ; et le serviteur de Dieu, en étant instruit, informa de leurs dispositions le conclave pour le rassurer pleinement sur les suites de l'élection.

L'élection d'Urbain VI était donc valide et, par suite, Clément VII n'était qu'antipape. L'Eglise, toutefois, se trouva divisée étrangement par les menées de ceux qui avaient fait son élection et l'autorité de ceux qui étaient irrités contre le pape légitime. L'Italie, l'Allemagne, la Hongrie, l'Angleterre et la Pologne reconnurent Urbain VI ; la France, l'Espagne, l'Ecosse et l'une et l'autre Sicile s'attachèrent à l'antipape Clément VII ; et les deux chefs ne négligèrent rien pour se fortifier et pour affaiblir leur rival.

Dès qu'Urbain eut appris l'élection de Clément, il fulmina l'excommunication contre lui et les cardinaux qui l'avaient nommé ; mais ils se moquèrent de ses censures et persévérèrent dans leur révolte. Urbain, abandonné de tous les cardinaux, résolut, à la sollicitation du B. Raymond de Capoue et de Sainte Catherine de Sienne, d'en créer un bon nombre d'une piété et d'une érudition reconnues. Il les choisit avec beaucoup de soin dans toutes les nations et il en porta d'abord le nombre à vingt-neuf. On comptait parmi eux quatre évêques, dix-sept prêtres et huit diacres : deux appartenaient à l'Ordre de Saint-François et deux à l'Ordre de Saint-Dominique. Ces derniers furent les Pères Philippe Gerra Romain, et Nicolas Carracioli ; et à la sollicitation du roi d'Angleterre, Urbain y ajouta le Père Thomas, surnommé l'Anglais.

L'antipape, de son côté, prenait les mêmes précaulions et, voulant aussi honorer les deux Ordres, il prit dans chacun d'eux deux membres du Sacré-Collège. Ceux de notre Ordre étaient les Pères Nicolas de Saint-Saturnin, natif de Clermont en Auvergne, et Jean de Chateauneuf, Bourguignon.

Le pape Urbain VI, témoin chaque jour des merveilleux effets du zèle, de la piété et du désintéressement de notre Bienheureux, le chargea de prêcher la croisade contre les schismatiques. Dans ce ministère nouveau, il obtint, dès les premiers mois, d'assez grands succès, dit Michel Piò. Mais Jeanne, reine de Naples, informée de la liberté avec laquelle le Bienheureux, qui était par naissance son sujet, traitait le pape Clément VII dont elle avait pris le parti, chercha d'abord à le gagner par prières et par promesses, lui faisant même offrir une grosse somme d'argent. N'ayant rien pu obtenir de sa fidélité au vrai pontife Urbain VI, elle recourut aux menaces, afin de le faire fléchir et alla jusqu'à lui dresser des embûches, jusqu'à attenter à sa vie : ce fut en vain, car Dieu veillait sur les jours de celui qui montrait un si grand courage dans la défense de l'Eglise et de son chef.

★ Ce fut surtout dans son ambassade près du roi de France comme légat pontifical, que Raymond courut de grands dangers. Il s'embarqua pour cette mission à Ostie, où Catherine l'accompagna : « Mon fils, lui dit-elle, tout est fini, vous ne me verrez plus sur cette terre. » Et, à genoux, sur le rivage, elle fit sur le navire qui s'ébranlait pour le départ le signe de la croix (1). Les adversaires d'Urbain gardaient si bien les passages sur terre et sur mer, qu'arrivé à Vintimille Raymond ne put avancer plus loin. Catherine, dans son ardeur, lui reprochait trop de timidité, et, en lui parlant d'un grand danger qu'il avait couru de tomber entre les mains des ennemis, elle ajoutait : « Dieu a voulu vous faire connaître votre imperfection, vous montrant que vous êtes encore un enfant qui a besoin de lait, non un homme qui se nourrit de pain. Vous avez donc reculé volontairement et vous vous réjouissez de la grâce accordée à votre faiblesse. Méchant

---

(1) Plusieurs fois déjà Catherine s'était privée pour un temps de l'assistance de Raymond, en vue des intérêts supérieurs de l'Ordre et de l'Eglise, comme lorsqu'il fut appelé à Rome en qualité de prieur de la Minerve, et lorsque elle l'envoya elle-même au *condottiere* anglais, Messire Jacques Hawkwood, surnommé en Italie *Aguto*, pour l'exhorter à laisser là ses brigandages et à mettre ses armes au service de la cause de Dieu. Cette fois, le départ allait être pour toujours. Sainte Catherine l'avait su par révélation.

Père (1), combien eût été fortunée votre âme et la mienne, si vous aviez scellé avec votre sang une pierre de l'Eglise par amour pour le Sang (de Jésus).» Mais, en agissant avec circonspection, le Bienheureux ne faisait que se conformer aux recommandations du pape, qui le trouvait parfois téméraire et ne voulait pas qu'il s'exposât sans fruit à la mort ou à la prison, le sachant réservé encore à de grandes choses (2). ⋆

(1) *Cativello Padre*, c'est-à-dire : petit méchant Père. La confiance dont elle jouissait près du Bienheureux lui permettait ces expressions.

(2) Raymond dit lui-même, dans la Vie de Sainte Catherine (III part., cap. ult.) que le Pape, l'ayant un jour invité à dîner, lui dit après le repas : *On m'a écrit que si Catherine de Sienne allait à Florence, j'obtiendrais la paix.* Alors je répondis : *Non pas seulement Catherine, mais tous, tant que nous sommes, nous sommes prêts, pour l'obéissance de Votre Sainteté, à marcher jusqu'au martyre.* Mais le pontife répliqua : « Je ne veux pas que vous y alliez, car ils vous maltraiteraient. Mais pour elle, soit parce que c'est une femme, soit aussi parce qu'ils ont à son égard du respect, je crois qu'ils ne lui feront rien de mal. Quant à vous, voyez les bulles qui sont nécessaires pour cette affaire et portez-moi tout demain matin. »

VIII

Le B. Raymond élu maître général.
But qu'il se propose. Plan pour y tendre.

Les Ordres religieux ne purent échapper au
malheur de la division de l'Eglise déchirée par
ses enfants sous l'obéissance des deux pontifes.
Le Père Elie de Toulouse, profès du couvent de
Bergerac, qui était général lorsque le schisme
commença, et qui avait, durant l'espace de douze
ans gouverné son Ordre avec autant de zèle que
de prudence, prit, comme toute la France, le
parti de Clément VII et se joignit à la faction des
cardinaux limousins qui fomentaient la division.
Abandonnant donc le vrai successeur de saint
Pierre, il se retira à Avignon avec l'antipape. Il
continua d'être reconnu comme général par les
provinces d'Espagne, de France, d'Ecosse et des
Deux Siciles, et il y exerça encore sa charge pendant sept ans. On doit même le regarder comme
général de tout l'Ordre, puisqu'il avait été canoniquement élu et qu'il gouverna, du consentement
de tous, jusqu'au schisme, tandis que les deux

successeurs qui lui furent donnés, dans l'obédience de l'antipape, sont considérés comme schismatiques.

Cependant, le parti qui adhérait à Urbain VI, ne voulant plus reconnaître le Père Elie comme chef de l'Ordre, s'assembla à Bologne. Le B. Raymond de Capoue partit de Gênes pour se rendre au chapitre, après avoir appris la mort de Sainte Catherine de Sienne, qui lui apparut le 29 avril 1380, jour de son décès, toute éclatante de gloire, ainsi que nous l'apprend la bulle de sa canonisation, et lui promit sa protection. Les religieux, assemblés en chapitre, déposèrent unanimement le vénérable Père Elie de Toulouse, comme schismatique, et procédèrent sur-le-champ à une nouvelle élection.

La réputation du B. Raymond de Capoue était répandue dans toute l'Italie; aussi les représentants de l'Ordre, convaincus que le pape le considérait comme son appui, sa force et son bras droit (1), jetèrent les yeux sur lui et il fut élu unanimement général, en l'an 1380. Il était, à cette époque,

---

(1) Le Père Michel Piò et d'autres écrivains anciens rapportent que le Souverain Pontife appréciait tellement, dans l'abandon où il se trouvait, l'appui de Raymond, qu'il l'appelle : *son œil, sa bouche, ses mains et ses pieds.*

provincial. Son humilité lui inspira le dessein de refuser cette charge ; mais Sainte Catherine, lui étant apparue encore une fois, le rassura et lui promit son secours. Le Vicaire de Jésus-Christ se montra très satisfait de cette élection, sachant déjà combien était grand le zèle de Raymond pour les intérêts de l'Eglise, car il l'avait vu à l'œuvre en qualité de nonce à Gênes, à Florence et auprès de plusieurs princes d'Italie ; aussi ne mit-il point en doute qu'étant général il ne travaillât efficacement pour procurer la paix de l'Eglise.

Ce fut là, en effet, ce que se proposa Raymond dès qu'il se vit placé à la tête d'un Ordre que les Souverains Pontifes ont si souvent nommé le bras droit de la sainte Eglise. Il y déployait personnellement autant de zèle que de vigueur, et il exhortait sans cesse les religieux à demander à Dieu par les plus ferventes prières la cessation de tant de maux.

L'Ordre des Frères Prêcheurs n'était pas alors dans un état moins déplorable que l'Eglise elle-même, tant à cause du schisme si regrettable qui séparait les enfants de leur père que du relâchement introduit en beaucoup de couvents à la suite de la grande peste qui avait enlevé tant de religieux. Le nouveau général, vivement touché de ces maux, travailla de tout son pouvoir à rendre autant que possible à l'Ordre son premier éclat. Les difficultés qu'il y rencontra étaient presque insurmontables, car la plupart des religieux ayant été élevés dans une vie molle et directement opposée à la régularité, à l'abstinence, aux jeûnes, aux veilles, à l'usage des draps de laine et autres observances qui leur étaient entièrement inconnues, il n'était pas facile d'arriver à les leur faire pratiquer.

Le sage général vit d'un coup d'œil tous les obstacles et, persuadé qu'il était très difficile, pour ne pas dire impossible, d'obliger des religieux à vivre selon les obligations de leur état, si eux-mêmes ne s'y portaient volontairement, il se contenta de les exciter, tant par sa conduite que par ses discours et ses remontrances, à embrasser la vie régulière et à conformer leur conduite aux Constitutions. Tant de soins et d'applications obtinrent bien quelque succès ; mais, comme ils ne furent pas tels que le général l'avait souhaité, il fit établir dans chaque province des couvents de stricte observance où l'on devait garder inviola·blement tout ce qui est prescrit par nos Constitutions et dans lesquels pourraient toujours se retirer les religieux jaloux de vivre selon leur état.

Cette mesure produisit les résultats les plus heureux. Dieu s'était réservé au milieu du relàchement général quelques fidèles serviteurs toujours désireux de remplir les engagements de leur profession; le nombre s'en augmenta peu à peu et l'on put les distribuer dans les autres provinces et les autres couvents, si bien que l'on vit la régularité rétablie en beaucoup d'endroits.

Le zélé général put dès lors constater avec consolation que les religieux dévoués à l'observance remportaient des victoires signalées sur le démon et sur les vices par l'efficacité de leur prédication, tandis que les autres. ne vivant pas conformément à la sainteté de leur profession, travaillaient avec peu de fruit dans la vigne du Seigneur, et en eux se vérifiait une fois de plus la parole de saint Grégoire : « *Cujus vita despicitur, hujus et prædicatio contemnitur.* »

Tout le temps du généralat de Raymond, qui dura vingt ans environ, fut ainsi employé à réparer les ruines causées par le relàchement, tant il avait à cœur de rendre à son Ordre tout l'éclat de sa première ferveur. Il fit même diverses lettres à cette fin, cherchant de toutes manières, et par ses exemples et par ses discours, à animer tous les religieux à l'observance exacte des Constitutions. Il entreprit aussi un voyage en Allemagne pour en visiter les couvents. La joie la plus vive l'y attendait ; il rencontra le B. Conrad de Prusse qui, plein d'un zèle ardent pour la réforme, avait assemblé trente religieux animés de son esprit et vivant avec lui au couvent de Colmar dans la plus exacte observance. Il approuva leur généreux dessein, les bénit et, en vertu de l'autorité apostolique, leur donna pour prieur ce saint et zélé religieux. Il retourna ensuite à Rome, afin de faire consacrer par le Souverain Pontife la mesure qu'il avait prise pour la réforme et qui consistait, nous l'avons dit, à avoir dans chaque province un couvent de stricte observance. Malgré toutes les intrigues et l'opposition soulevées contre lui par les religieux malintentionnés, il obtint sans peine, le 1ᵉʳ novembre 1390, un bref favorable du pape Boniface IX. Rassuré de ce côté, il fit la visite de la province de Lombardie et se transporta ensuite à Venise, où il travailla à établir la réforme dans les deux couvents de Saint-Dominique et des Saints-Jean et Paul que l'Ordre avait en cette ville. Il fut efficacement soutenu en cette sainte entreprise par le B. Jean-Dominique, de Florence, qui fut depuis cardinal ; par le Vénérable Père Thomas Ajutani et par

le B. **Robert**, de Naples. Ces saints religieux,
tout remplis de l'esprit de notre saint patriarche,
souhaitaient avec ardeur la réforme, et firent tout
ce qu'ils purent pour l'introduire en ces deux couvents, les plus importants de la province. Leurs
efforts, malheureusement, furent traversés par
les dispositions contraires de religieux qui regardaient comme le plus dur esclavage les assujet-
tissements de la règle et n'omirent rien pour faire
tout échouer.

Non contents de méconnaître les engagements
de leur profession et de s'opposer aux ordonnan-
ces et aux règlements du B. Raymond de Capoue,
il l'accusèrent auprès du légat du Saint-Siège,
Philippe d'Alençon, cardinal d'Ostie, qui était à
Venise, de vouloir diviser leur Ordre. La gravité
exceptionnelle de ces plaintes alarma tout d'abord
le ministre du pape ; car, le relâchement étant
général, la réforme entreprise pouvait paraître à
bien des gens une sorte de nouveauté, et pour
cette seule raison rendre suspecte la conduite du
B. Raymond, qui eut lieu de craindre un instant
le renversement de tous ses projets et la non-exé-
cution du bref signé par le pape. Le légat semblait ébranlé, mais le B. Raymond, dans une
lettre ou requête, lui montra d'une manière si

claire et si invincible qu'il n'entreprenait rien qui ne fût conforme aux Constitutions et de nature à rendre à l'Ordre son premier éclat, que le légat, éclairé, ordonna l'exécution du bref du pape et son enregistrement dans les archives du couvent de Saint-Dominique ; la réforme y fut ainsi introduite en l'an 1391, et le pieux général y établit comme prieur le Vénérable Père Thomas Ajutani.

Après un si heureux succès, le B. Raymond de Capoue parcourut l'Italie pour continuer d'établir la vie régulière dans tous les couvents qui seraient disposés à y revenir. Deux ans après, il retourna à Venise, où il célébra le chapitre général et, à la demande du sérénissime doge, Jean de Venise, il tira du couvent de Saint-Dominique le B. Père Jean-Dominique, de Florence, avec douze autres religieux, pour réformer celui des Saints-Jean et Paul. Puis il institua l'illustre religieux vicaire général de tous les couvents réformés, et il lui donna le pouvoir de bâtir pour les religieuses de l'Ordre un nouveau monastère.

Une application si continuelle à faire revivre partout le véritable esprit de notre B. Père Saint Dominique, une vie si exemplaire capable d'entraîner tous les religieux à la pratique de la vertu, et la vigilance apportée par le B. Raymond à ren-

verser les obstacles qui s'opposaient à l'établisse-
ment de la réforme de son Ordre, produisirent le
plus grand bien : et l'on convient qu'il n'y eut,
depuis notre saint patriarche et fondateur, aucun
général qui ait travaillé avec plus de zèle à y
maintenir l'observance. On ne saurait dire combien lui coûta de peines et de fatigues une si loua-
ble entreprise. Il éprouva l'indignation et les hos-
tilités des ennemis de la vie régulière et apprit, par
une douloureuse expérience, de quoi sont capa-
bles des gens qui, oublieux de tous les devoirs de
leur état, s'obstinent à mener sous un habit de
pénitents une vie molle et relâchée. Mais sa fermeté et son courage invincible le mirent à même
de supporter toutes les contradictions ; son assiduité à l'oraison, son détachement de toutes les
créatures, lui faisant fouler aux pieds tout respect
humain, le rendirent victorieux au milieu de tant
de combats ; et l'on vit, grâce à ses soins et à son
zèle, se former, en divers couvents, nombre de
religieux qui répandirent dans l'Eglise l'éclat de
leurs vertus et de leur doctrine.

★ La confusion produite par le schisme n'a
pas toujours permis aux historiens de bien distinguer entre les chapitres généraux tenus par Raymond pour les progrès de la vie régulière et les

assemblées convoquées par la fraction séparée. A notre Bienheureux sont dus dix chapitres généraux, outre celui de son élection : le chapitre de Bude en 1382, de Ferrare en 1385, de Vienne en 1388, de Vérone en 1391, de Venise en 1393 ou 1394, de Francfort en 1397. Il eût même tenu plus fréquemment ces saintes et fécondes assises, si la difficulté des communications et les nombreuses légations dont les papes le chargèrent ne l'en eussent empêché. Ce fut dans son dernier chapitre général de Francfort, qu'il rendit d'un usage plus commun, dans l'office canonical, la strophe *Maria Mater gratiæ*, attendu que les Frères Prêcheurs, comme Fils privilégiés de Marie, devaient plus que les autres Ordres s'appliquer à l'honorer.

★ Sachant combien les lettres des supérieurs adressées aux particuliers ou aux provinces servent à développer le bienfait des chapitres généraux, à réveiller l'esprit d'observance, à entretenir l'esprit de famille et à ranimer l'ardeur du zèle, il se servait aussi de ce moyen, le registre de son administration conservé par la pieuse sollicitude du R^me Père Bremond, maître général de l'Ordre, en fait foi (1). Il adressa en particulier une très

(1) Celle de ces lettres dont le texte a été conservé se trouve dans le livre *Opera B. Raymundi.*

belle circulaire aux religieux de la province d'Angleterre à l'occasion des erreurs de Wiclef, où il leur recommande que, comme des chiens fidèles du troupeau du Seigneur, ils s'élèvent contre les hérétiques, dans les sermons publics, dans les réunions, dans les discussions, par la voix, la plume et les écrits, choisissant à cette fin des Pères instruits, des hommes de cœur, exemplaires et fervents pour le maintien de la discipline de l'Eglise. Ses exhortations furent entendues et le Père Rupert Humbleton, docteur de l'Université d'Oxford, ayant publié un livre contre les Wicléfistes, excita tellement leur haine, qu'ils lui administrèrent du poison ; ce ne fut que par la grâce de Dieu qu'il échappa à la mort. ⋆

IX

Ce que fait le B. Raymond pour la gloire de Sainte Catherine de Sienne.

Le zèle, l'assiduité à l'oraison, la charité pour le prochain, l'esprit de pénitence que Raymond conserva nonobstant ses continuelles infirmités et qui ont toujours fait l'admiration de ses intimes étaient en grande partie le fruit de ses communications spirituelles avec Sainte Catherine de Sienne. Et la vénération qu'elle n'avait cessé de lui témoigner suffirait seule à son éloge. Cette séraphique vierge, en effet, l'avait considéré toujours comme un grand serviteur de Dieu, remerciant sans cesse la T. S. Vierge Marie de le lui avoir donné comme directeur par une faveur singulière. Elle lui avait découvert avec simplicité les grâces extraordinaires dont elle était comblée et l'en avait même rendu témoin oculaire en bien des cas. C'est ainsi qu'il l'avait vue dans cette extase admirable où elle reçut les stigmates et qu'il a pris soin de relater dans sa Vie (1).

(1) Pendant quelque temps, la réalité des stigmates de

★ De son côté, Raymond n'omit rien, après la mort de Catherine, pour procurer sa gloire et pour exécuter fidèlement tout ce qu'elle lui avait recommandé. Elle lui avait dit de se dévouer sans mesure aux intérêts du Saint-Siège et de l'Eglise, lui écrivant : « Confortez-vous, très cher Père, « dans la douce Epouse de Jésus-Christ ; car, « plus y abondent les tribulations et l'amertume, « plus la divine Vérité promet d'y faire abonder « la douceur et les consolations. Et voilà ce qui « sera sa consolation, la réforme des saints et « bons pasteurs qui sont fleurs de gloire et ren- « dent à Dieu odeur de vertu. Donc, réjouissez- « vous dans l'amertume. » Et dans une autre lettre : « Jetez-vous dans la nacelle de l'Eglise et « mûrissez le cœur avec une sainte et vraie « prudence, en sorte que votre vie soit un exem- « ple aux yeux des séculiers et que vous ne vous « conformiez pas à ce siècle. » Tout ce que nous avons vu montre jusqu'à quel point le serviteur de Dieu fut fidèle à ce mandat, par lequel il con-

Sainte Catherine de Sienne fut contestée et les images ou prières qui en consacraient le souvenir furent interdites. Mais, plus tard, après diverses discussions où l'autorité de Raymond eut un rôle décisif, le Saint-Siège permit d'en célébrer la fête.

tinuait la mission de Catherine, surmontant sa timidité naturelle et sacrifiant à la cause de Dieu ses goûts innés pour une vie de cellule, d'étude et d'assiduité aux offices divins.

★ Catherine, comprenant l'influence que pouvaient avoir pour la réforme de l'Eglise la ferveur et la régularité des instituts religieux, avait tout fait auprès de Dieu et des hommes pour amener Raymond au gouvernement de l'Ordre de Saint-Dominique. Sûre d'être exaucée, elle écrivait au Bienheureux, avant de mourir : « Quelque état « ou exaltation que Dieu vous donne, enfoncez- « vous d'autant plus dans la vallée de l'humilité « en vous délectant sur la table de la croix. » Et elle avait dit d'une manière plus précise à Barthélemy de Sienne, en lui imposant de quitter Rome, malgré toute la consolation qu'en l'absence de Raymond elle aurait eue à être assistée de lui: « Comme bientôt, vous le savez, le chapitre de « l'Ordre doit se célébrer à Bologne pour l'élec- « tion du Maître de l'Ordre, je veux que vous y « alliez ; et là sera élu pour ledit office mon Père « Frère Raymond, avec lequel je veux que vous « soyez, et que vous ne vous sépariez jamais de « sa volonté. Et cela, autant que je le puis, je « vous le mande. »

★ Inutile de revenir sur l'accomplissement de la prédiction et sur les œuvres de Raymond comme restaurateur de la discipline régulière, sur ses voyages, ses lettres, sa prudence, sa fermeté, sa constance et les amertumes qu'il eut à dévorer, avec son esprit juste et consciencieux, son cœur sensible et bon. Catherine lui avait dit : « Ne crains pas, je suis avec toi. » Elle tint parole jusqu'à la fin.

★ Catherine avait aussi confié à Raymond ses disciples, lui écrivant : « Je vous en prie, soyez « pour cette famille, autant que vous pourrez, « comme pasteur, gouverneur et père, afin de la « conserver dans la dilection de charité, en par- « faite union, de sorte qu'ils ne soient pas comme « des brebis dispersées, sans pasteur ; et pour « moi je crois faire plus pour eux et pour vous « après ma mort, que pendant ma vie. » Près d'expirer, elle avait, d'autre part, fait à ses disciples cette recommandation : « Mes enfants, afin « qu'après ma mort vous ne restiez pas sans « guide, je vous laisse pour chef le Frère Ray- « mond de Capoue. Je vous impose à tous qu'en « toutes choses vous recouriez à lui, que vous « lui obéissiez, que vous le respectiez comme « supérieur, de même que vous l'auriez fait pour

« moi. » Raymond fut fidèle, il prit un soin affectueux de ce troupeau de disciples volontaires, qui du reste ne lui donnait guère que des consolations et qui compte dans ses rangs plusieurs Bienheureux. Il les rencontrait aussi souvent qu'il le pouvait, il leur écrivait de loin, on parlait de la Sainte, on s'excitait à promouvoir son culte et, dans ces communs efforts, la direction appartenait à Raymond, que les autres appelaient simplement : *le Maître*.

★ Catherine avait chargé Raymond de ses écrits par ces mots de l'une de ses lettres : « Je « vous prie que le livre (1) et toute écriture de moi « que vous trouverez, vous les recueilliez entre « vos mains, et faites-en ce que vous croirez plus « à l'honneur de Dieu. » Il mit, en effet, tous ses soins, en même temps qu'il écrivait la Vie de la Sainte et y retraçait ses maximes, pour que le *Dialogue* fût conservé, traduit même en latin à l'usage des peuples étrangers ; et, si absorbé qu'il fût par ailleurs, il fit lui-même une bonne partie de cette traduction : c'était pour lui une récréation, une oraison. C'est lui qui, parlant de Catherine, n'a pas hésité à dire : « *Sa doctrine est ce*

(1) Le *Dialogue*.

qu'il y a de plus admirable dans sa vie. » Il fit encore, peu après la mort de la Sainte, un recueil de 185 lettres qui se conservent en deux volumes dans la sacristie de Saint-Dominique, à Sienne.

✶ On se rappelle la prédiction faite par Catherine, à Varazze, sur la translation de son corps d'un tombeau à l'autre. En effet, en 1385, le Bienheureux, sachant que Sienne désirait une relique insigne de son illustre compatriote, ouvrit le premier tombeau, où il eut la consolation de revoir encore une fois les traits de celle près de laquelle il avait vécu si longtemps, et les saintes reliques furent mises par lui dans l'église de la Minerve, en un sépulcre plus convenable. Témoin de la vénération qu'avait pour Catherine le B. Etienne Maconi, gentilhomme siennois converti par elle et devenu général des Chartreux, il lui donna alors un doigt de la Sainte, celui, dit-on, qui avait reçu l'anneau mystérieux des fiançailles avec le Sauveur, et qui devint le trésor de la chartreuse de Pontignano. Plus tard, le B. Thomas Caffarini chercha bien à avoir la précieuse relique pour la ville de Venise, où le culte de Catherine prenait des développements admirables. « Sur ce saint « doigt, écrivait-il à Maconi, il y a longtemps que

« je vous ai écrit. Et plus j'y pense, plus il me
« semble, sauf jugement meilleur, que ce serait à
« la plus grande gloire de la Sainte que nous
« l'eussions ici, si nous voulons mettre la ques-
« tion de propriété après celle d'utilité. » Mais
Maconi tenait au souvenir de Catherine et au don
de Raymond, il ne se rendit pas ; et les Chartreux, en quittant Pontignano, ont transféré la
relique à la chartreuse de Calci près de Pise, où
elle se trouve encore.

✳ Quant à la tête de Sainte Catherine, muni de
la permission d'Urbain VI, Raymond la renferma
dans une urne de cuivre doré et la fit transporter
secrètement à Sienne par le Père Ambroise San-
sedonio et le Père Thomas della Fonte, premier
confesseur de Catherine. Venu à Sienne à son tour,
il ménagea si bien les choses auprès de l'évêque
et des magistrats, que, sans enfreindre les règles
de l'Eglise, la Sainte n'étant pas encore canonisée,
il lui procura le plus magnifique des triomphes.
Partie de l'hôpital de Saint-Lazare, la procession
traversa les principales rues ornées de tentures et
le sol tapissé de fleurs, avec des arcs de triomphe
d'espace en espace. Les confréries d'artisans ou-
vraient la marche avec leurs gonfalons flottants ;
venaient ensuite deux cents petits garçons et au-

tant de petites filles en blanc, puis les nombreuses corporations religieuses ; à leur suite, le clergé, les évêques, les nobles, les prélats de toute la contrée. Enfin, sous un riche dais de brocard de soie, apparaissait la relique, la *sacra testa*, portée par quatre Dominicains, et le B. Raymond clôturait le cortège. Quant à la foule des Tertiaires et du peuple, elle était immense, mais on y remarquait surtout, appuyée sur sa fille Alessia, la vieille mère de Catherine, Lapa, dont la vue arrachait aux spectateurs des larmes, avec ce cri d'admiration : « O bienheureuse, vous qui avez vu le si beau triomphe décerné à votre enfant ! » Pour conclure la cérémonie, à l'arrivée dans l'église de Saint-Dominique, il fallait une allocution ; on comprend que ce fut Raymond qui prit la parole.

✶ Un détail intime rehaussa la splendeur des fêtes. Tant de Dominicains avaient afflué de toutes parts pour y assister, qu'au couvent le pain manqua. Il fallut aller en demander aux amis ; mais, comme les envoyés, vu l'immense concours, avaient peine à en trouver, le B. Raymond, sans attendre leur retour, fit mettre tout le monde à table, et les quelques morceaux de pain qui restaient, distribués par ses mains, se multiplièrent tellement, qu'il y en eut, après, pour les pauvres. Lui-même a consigné, dans sa Légende, ce récit, tout en ayant soin de dissimuler sa part dans le miracle, pour en laisser à Catherine toute la gloire. ⋆

X

Application du B. Raymond
à progresser en sainteté. Sa mort.
Sa sépulture.
Sa glorification dans l'Eglise.

Le zèle et la vigilance que le B. Raymond
de Capoue mettait à défendre les intérêts de
l'Eglise et de son Ordre, tant avant son généralat
qu'après sa promotion à cette dignité, ne dimi-
nuaient rien de son application à sa perfection
personnelle. Il conserva toujours, au milieu des
honneurs, l'humilité la plus profonde et, quoique
honoré de la bienveillance des papes et de plusieurs princes de l'Europe, il n'eut jamais rien
plus à cœur que la poursuite des mépris et des
humiliations. Traversant un jour un couvent dont
le supérieur était attaché au parti de l'antipape,
il se vit traité d'une manière odieuse par ce révolté,
qui alla jusqu'à le jeter en prison. Non seulement
il s'abstint, plus tard, de lui infliger le châtiment
qu'un pareil excès méritait, mais il n'en fit pas
même, sur l'heure, une plainte ; aussi arriva-t-il

qu'une patience si admirable, touchant profondé-
ment celui qui l'avait offensé d'une façon si outra-
geante, le fit rentrer en lui-même et qu'il remit
aussitôt en liberté son débonnaire général. Raymond refusa les honneurs de l'épiscopat qui lui
avaient été plus d'une fois offerts et déclina également la dignité de cardinal dont le pape aurait
voulu l'honorer. Ce ne fut que par soumission aux
définiteurs du chapitre qui l'avaient élu au généralat qu'il en accepta le fardeau ; mais, comme
saint Raymond de Pennafort, il fit ensuite tout ce
qui lui fut possible pour obtenir d'en être relevé.

On a vu déjà que les rares qualités qui distin-
guaient le B. Raymond de Capoue l'avaient fait
souvent choisir par les Souverains Pontifes pour
pacifier les troubles de l'Italie et pour procurer la paix à l'Eglise. Urbain VI, qui avait eu
l'occasion de l'apprécier, même avant son élection
au généralat, l'avait choisi pour nonce auprès de
Charles, fils de Jean, roi de Bohême. Il avait reçu
la même mission auprès de Charles V, roi de
France, du duc d'Anjou et de plusieurs autres
princes. Boniface IX, qui succéda à Urbain VI,
l'envoya aussi auprès de plusieurs princes
d'Italie, afin de pacifier les esprits ; et il s'était
acquitté de tous ces emplois honorables avec tant

de prudence, que ceux-là même qui ne lui étaient pas favorables ne pouvaient s'empêcher de rendre hommage à sa conduite. Une lettre du B. Raymond de Capoue, adressée au Vénérable Père Barthélemy de Saint-Dominique, nous apprend encore que le pape Boniface IX le choisit pour aller en Sicile négocier d'importantes affaires qu'il termina à l'avantage de l'Eglise.

Enfin, ce grand homme, après avoir travaillé plus de vingt-cinq ans, tant pour le bien de l'Eglise que pour la réforme de son Ordre, et enduré de grandes fatigues que la délicatesse de sa complexion rendait et plus douloureuses et plus fréquentes, tomba gravement malade dans le couvent de Nuremberg en Allemagne. Devenu paralytique par la violence de son mal, et invincible au milieu de ses douleurs, il ne cessa de bénir Dieu de ce qu'il daignait ainsi le purifier (1). L'heure de la mort lui paraissant proche, il demanda les sacrements et, après les avoir reçus avec une piété très édifiante, il s'endormit en Notre Seigneur le 5 octobre 1399.

(1) *Totus contractus*, disent certains auteurs. Cet état d'impuissance lui permit d'entrer dans un recueillement profond où il pouvait savourer plus à loisir les amertumes de son cœur à cause du schisme persistant, et soupirer plus constamment vers les biens éternels.

Les religieux gardèrent trois jours le corps exposé dans leur église, ne cessant de pleurer le défunt comme un père. Le 8 octobre, eut lieu la cérémonie des funérailles, rendue plus imposante par la présence d'un grand nombre d'évèques et de barons rassemblés pour l'élection d'un nouvel empereur (1).

★ Raymond fut enterré dans l'église conventuelle, près de l'autel de la Très Sainte Vierge. Sur le tombeau fut mise une pierre, où il était représenté avec le bonnet de docteur sur la tête, une crosse à la main droite et, dans la main gauche, un livre fermé, avec cette inscription :

ANNO DOMINI MCCCXCIX

QUINTA DIE MENSIS OCTOBRIS

OBIIT VENERABILIS P. J. RAYMUNDUS DE CAPUA

SACRÆ THEOLOGIÆ PROFESSOR

GENERALIS MAGISTER ORDINIS PRÆDICATORUM

HIC SEPULTUS ★

Plus tard, le corps fut transféré au couvent de Saint-Dominique de Naples. On l'y déposa

(1) L'empereur Wenceslas IV, depuis longtemps menacé de déposition pour cause d'impéritie, avait désigné Nuremberg comme lieu de la diète où il espérait se justifier. Mais la partie prépondérante des électeurs préféra Francfort, et Wenceslas y fut déposé seulement le 26 mai 1400.

dans l'église, à côté du grand autel. On n'a pu cependant, jusqu'à présent, l'y retrouver, malgré de nombreuses recherches. C'est probablement parce que, en l'an 1528, la ville étant assiégée et les religieux redoutant qu'elle ne fût prise et saccagée, durent cacher ce corps avec celui du B. Guy Maramaldi, ainsi que ce qu'ils avaient au couvent de plus précieux. Or, une grande peste survint à la même époque et l'on peut croire qu'elle enleva ceux qui avaient caché ce précieux trésor et en fit perdre entièrement la trace.

✶ Mais ce qu'aucune guerre, aucune révolution n'a pu faire disparaître, c'est l'admiration de la postérité pour la belle physionomie de Raymond, pour son noble caractère, pour la grandeur de sa mission providentielle, pour la fidélité scrupuleuse, la prudence consommée, la constance invincible qu'il mit à y correspondre. L'estime est allée jusqu'à la vénération et, peu de temps après sa mort, il commençait d'être l'objet d'un culte que les miracles survenus à son tombeau servirent à augmenter, et qui se développa surtout après la canonisation de Sainte Catherine de Sienne, son illustre pénitente. Un des caractères les plus remarquables de ce culte est l'*appellation de Bienheureux* qui arrive pour lui à une sorte d'universalité et de catholicité, tous les siècles, tous les pays, toutes les générations, tous les rangs s'y rencontrant pour former un concert, dans lequel domine la voix des princes de l'Eglise, des évêques, des cardinaux, des papes.

✶ Que reste-t-il donc, si ce n'est de grouper ensemble tous ces témoignages de culte, afin que le Saint-Siège, reconnaissant leur antiquité et leur valeur canonique, daigne y surajouter ce genre d'honneur, à lui réservé, qui consiste dans la concession de l'Office et de la Messe ? Le jour n'est pas loin, espère-t-on, où cette faveur sera accordée, et elle viendra vraiment à l'heure opportune.

En effet, le culte rendu aux saints et bienheureux n'est pas seulement un tribut de justice payé à leurs mérites, c'est pour les hommes la source de nouveaux bienfaits, grâce à l'intercession de ces illustres serviteurs de Dieu. Et cette intercession est surtout puissante dans l'ordre des choses où ils se sont distingués eux-mêmes et ont acquis par là un spécial crédit près de Dieu. Que nous fait présager à cet égard le patronage du B. Raymond ? Quelle convenance y a-t-il entre ses mérites distinctifs et nos besoins présents ? Tout le monde le saisit. Autant qu'à son époque,

quoique dans des conditions différentes, le Saint-
Siège et l'Eglise sont combattus par des ennemis
et des faux frères. Si ce n'est pas la peste noire
qui désole la vie religieuse, d'autres influences
conspirent à empêcher au dehors son libre déve-
loppement et à corrompre même au dedans ses
principes vitaux. Enfin, la direction spirituelle
des âmes se voit obligée de naviguer entre deux
courants également pernicieux : le rationalisme,
qui affaiblit autant qu'il le peut la notion des rap-
ports de Dieu avec l'àme rachetée de son sang ;
et un faux mysticisme, qui voudrait couvrir d'ap-
parences surnaturelles les petitesses, les aberra-
tions, les passions même du cœur humain. Pour
discerner, à ces différends égards, la vérité, le
devoir, l'idéal, nous avons dans le B. Raymond
de Capoue un maître ; pour obtenir d'y conformer
notre conduite, nous avons un intercesseur.

✴ Puissent donc ses exemples être devant tous
les yeux ; puisse son invocation sortir de toutes
les lèvres ; puissent ses bienfaits atteindre tous
les cœurs ! ✴

PRIÈRE AU B. RAYMOND

Composée par le cardinal **CAPECELATRO**, archevêque de Capoue

---

O Bienheureux Raymond, vous qui sous l'impulsion de la divine charité, aimâtes ardemment l'Eglise et les âmes, venez maintenant à leur secours par votre puissante protection. Vous le père spirituel de Catherine, vous le maître de cette angélique vierge, disciple en même temps de celle qui reçut miraculeusement de Jésus-Christ les lumières et les ardeurs de sa sagesse, voyez combien sont aujourd'hui terribles les combats, combien graves les périls dans lesquels nous nous trouvons engagés. Oh! si parmi nous revivaient votre esprit ardent et celui de la séraphique vierge siennoise, quels biens n'en dériveraient pas sur nos cœurs glacés par le souffle d'incrédulité qui domine autour d'eux! Unissez donc ensemble vos efforts, aux pieds de Dieu, et obtenez-nous la lumière in-

tellectuelle de la sagesse, la paix, la charité, la force, la pureté de cœur. Par là nous parviendrons à vivre éternellement, avec vous, dans la vision et l'amour de Dieu, au paradis. Ainsi soit-il.

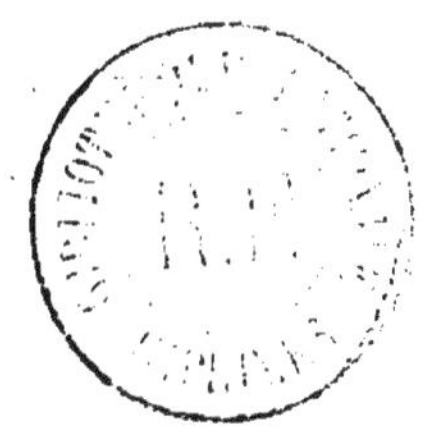

TABLE DES MATIÈRES

Pages

Approbation... 5

I. — Naissance illustre, éducation et vocation religieuse du B. Raymond.............................. 7

II. — Etudes du B. Raymond et ses débuts dans le saint ministère. Il compose la Vie de sainte Agnès du Mont Politien.............................. 13

III. — Dévotion filiale du B. Raymond envers Marie .. 17

IV. — Le B. Raymond est donné, par Marie, pour confesseur à Sainte Catherine de Sienne............ 23

V. — Sage direction donnée à Catherine par Raymond. 29

VI. — Zèle croissant du B. Raymond pour le salut des âmes. Ses efforts pour la pacification des cités..... 37

VII. — Le B. Raymond prieur de la Minerve. Election d'Urbain VI. Déposition juridique de Raymond sur le conclave 45

VIII. — Le B. Raymond élu maitre général. But qu'il se propose. Plan pour y tendre................... 59

IX. — Ce que fait le B. Raymond pour la gloire de Sainte Catherine de Sienne.......................... 71

X. — Application du B. Raymond à progresser en sainteté. Sa mort. Sa sépulture. Sa glorification dans l'Eglise 81

Prière au B. Raymond................... 89

MARSEILLE. — IMPRIMERIE MARSEILLAISE, RUE SAINTE, 39

A LA MÊME LIBRAIRIE

Vie du Révérendissime Père Alexandre Vincent Jandel, soixante-treizième maître général des Frères Prêcheurs, par le P. F. H.-M. Cormier, du même Ordre. 2ᵉ éd. In-8ᵒ, avec portrait. **5** fr.

Retraite Fondamentale, composée de méditations, examens et lectures à l'usage des ecclésiastiques, des religieux et des personnes pieuses, par le R. P. Cormier. In-8ᵒ... .... **2** fr. **50**

Instruction des Novices (L'), à l'usage des Frères Prêcheurs. Ouvrage pouvant également servir aux novices des autres Ordres, aux élèves ecclésiastiques et aux personnes pieuses, composé sur d'anciens manuscrits, par le P. Cormier. In-8ᵒ................. **7** fr.

Elévations sur les Grandeurs de Dieu. Les perfections de Jésus Christ, les misères et la dignité de l'homme, les dons du Saint-Esprit et les béatitudes évangéliques, composées sur d'anciens manuscrits, par le P. Fr. Cormier. In-18............ **1** fr.

Neuvaines au Sacré-Cœur de Jésus (Deux) pour apprendre à bien vivre et à bien mourir, pouvant servir aussi de mois du Sacré-Cœur. Ouvrage dédié à saint François de Sales par le R. P. Cormier. In-32 jésus....................................... **1** fr.

Catéchisme du Tiers-Ordre ou douze entretiens sur le Tiers-Ordre de Saint-Dominique pour servir à l'instruction des novices, par le P. Fr. Cormier, des Frères Prêcheurs. In-32 jésus.. **1** fr.

Bienheureuse Diane d'Andalo (La) et les Bienheureuses Cécile et Aimée, fondatrices du Couvent de Sainte-Agnès, de l'Ordre des Frères Prêcheurs, à Bologne, par le R. P. Fr. Cormier. In-12 avec gravures...................................... **1** fr. **50**

Manuel des Frères et Sœurs du Tiers-Ordre de la Pénitence de Saint-Dominique, par le Rᵐᵉ P. Jandel, maître général de l'ordre des Frères Prêcheurs. 9ᵉ édition. In-18-raisin... **3** fr

Office de la Sainte Vierge, selon le rit dominicain, suivi de l'office de saint Dominique, de l'office des Morts et des mémoires des Saints et des Bienheureux de l'Ordre. 9ᵉ éd. In-32 raisin. **1** fr. **25**

Office de la Sainte Vierge selon le rit dominicain, suivi des Mémoires des Saints et des Bienheureux de l'Ordre. In-18, *gros caractères* .... **1** fr. **50**

Ami du Tertiaire (L') ou recueil de conseils et de pratiques pour l'avancement spirituel des membres du Tiers-Ordre de Saint-Dominique. 4ᵉ édition. In-32 raisin... .... **1** fr.

Lacordaire (Le R. P.) de l'Ordre des Frères Prêcheurs, sa vie intime et religieuse, par le R. P. Chocarne, du même Ordre. 5ᵉ édition, corrigée et augmentée. 2 vol. in-8ᵒ avec portrait.......... **10** fr.
Le même ouvrage. 8ᵉ édition. 2 vol. in-18 jésus...., .. **5** fr.

9 782019 148669